**Speak in a Week!
Essential V...
Fre...**

Layout and Design by ... Mason
Illustrated by Gary ...ant

Published & Distributed by

Penton Overseas, Inc.
Carlsbad, CA

Speak in a Week®
Essential Verbs
French

Published and distributed by Penton Overseas, Inc.,
1958 Kellogg Avenue, Carlsbad, CA 92008.
www.pentonoverseas.com

Contact publisher by phone at (800) 748-5804
or via email, info@pentonoverseas.com.

First printing 2008
ISBN 978-1-60379-046-8

Contents

Bienvenue! Welcome to French Essential Verbs.
We hope you find this program helpful and easy to use.

In French, there are 3 types of verbs: **The root + ER, IR, or RE.** For example, with the verb **parler**, the root is **parl**, and the ending is **er**.

This makes up the infinitive or base verb. In English, infinitives have the word **to** in front of them (**to** walk, **to** sleep, etc.). They don't specify who is doing the action or when– that's what conjugation is for. Our **Essential Verbs** program teaches you 4 of the most common verb conjugations for 101 key verbs in the French language: **Présent, Passé Composé, Imparfait,** and **Futur.**

parl	**er**
root	
	ending

If you are new to French, you'll first need to memorize the personal pronouns below, words you can think of as **PEOPLE IDENTIFIERS**. The verb conjugation varies depending on who is doing the action.

je
I

tu
you

il/elle
he/she

on
we (informal)

nous
we

vous
you (formal)

vous
you all

ils/elles
they (masc./fem.)

People Identifiers

Essential Verbs provides complete conjugations for the present, 2 past tenses (**Passé Composé** and **Imparfait**), and the future.

Before each verb section common conjugation patterns are identified for verbs that have similar characteristics. You'll also find some irregular verbs.

Pay special attention to these verbs which are denoted by an asterisk (*).

These verbs do not follow any sort of pattern. You'll have to memorize those tricky guys one at a time.

Ready to ramp up your français?
Let's go learn verbs! Allons apprendre les verbes!

AVOIR and ÊTRE

These two irregular verbs are the basis of the French past tense: **Passé Composé.** You need to learn these verbs before you can correctly use the **Passé Composé.**

Passé Composé

The **PASSÉ COMPOSÉ** is used to report a completed action, event, or fact that took place in the past. The **Passé Composé** is a compound tense, which combines the present tense of an AUXILIARY verb (either **AVOIR** or **ÊTRE**) and the PAST PARTICIPLE of the verb.

The past participles are listed in the **Passé Composé** tense of each verb.

Using the helper verb: AVOIR

Avoir means to have and is mainly used to form the **Passé Composé** of **TRANSITIVE** verbs (a verb that takes **an object**).

j'ai..	I have
tu as..	you have
il/elle/on a....................................	he/she/one has
nous avons....................................	we have
vous avez......................................	you (formal/plural) have
ils/elles ont..................................	they have

NOTE: With avoir, the past participle **does not** agree in gender or number with the subject.

For example, with the verb **VENDRE**

j'ai vendu...I sold

nous avons vendu ....we sold

ils ont vendu.....................................they sold

Using the helper verb: ÊTRE

Être means **to be** and is mainly used to form the **Passé Composé** of **INTRANSITIVE, REFLEXIVE, and RECIPROCAL** verbs. The **PAST PARTICIPLE** after the verb être *agrees* in gender and number with the subject.

je suis allé (masc. sing.)/ allée (fem. sing.).......I went/have gone
nous sommes allés (masc. plur.)
      /allées (fem. plur.)....................................we went/have gone
ils sont allés (masc. plur.)
elles sont allées (fem. plur.)............................they went/have gone

Only 17 verbs are conjugated with **être**. These verbs are: aller, arriver, descendre, devenir, entrer, montrer, mourir, naître, partir, passer, rentrer, rester, retourner, revenir, sortir, tomber, venir.

When a verb is used with a **DIRECT OBJECT**, it is conjugated with avoir. For example, the verb passer *without* a direct object takes être: je suis passé hier. With a **DIRECT OBJECT**: j'ai passé *l'aspirateur* hier.

All **reflexive** verbs are conjugated with **être:** Je me suis lavé. (I washed myself.) Tu t'es brossé les dents. (You brushed your teeth.)

One thing you must remember about the **Passé Composé** tense– it is reserved for activities that are **COMPLETELY FINISHED.** You are referring to one specific occurrence (I DID. I ATE pie. I SLEPT.), not something that you were doing in the past habitually or continually (I USED TO, I WAS DOING). For activities in the past that were ongoing or repeated, you use the **Imperfect** tense.

Imparfait

The **IMPERFECT** tense, **IMPARFAIT**, is a past tense used for actions in the past that were ongoing or repeated (i.e. **je marchais.** = I was walking. **Nous allions à la plage tous les jours.** = We used to go to the beach every day).

Futur

The **FUTURE** tense, **FUTUR**, is used to talk about future actions. In English the future is usually expressed with the auxiliary **WILL** or with **TO BE GOING TO.** In French, there are two ways to express the future: le futur and le futur proche. Le futur proche is used when the upcoming event is to occur in the near future. It is usually translated as **going to**. It is formed by simply conjugating the verb **ALLER** (TO GO) and adding the **infinitive** of the action that is to occur. For example: **je vais manger.** = I am going to eat.

Le Futur is used for actions further in the future. It is usually translated as **will**. To form **le futur**, use the infinitive of the verb and add the present tense endings for the verb **avoir**.

For example:
Je mangerai. = I will eat.

Avoir *
To Have

J'ai un ballon pour le basket-ball.
I have a ball for basket ball.

	Présent	Passé Composé	Imparfait	Futur
j'	ai	ai eu	avais	aurai
tu	as	as eu	avais	auras
il/elle/on	a	a eu	avait	aura
nous	avons	avons eu	avions	aurons
vous	avez	avez eu	aviez	aurez
ils/elles	ont	ont eu	avaient	auront

EXAMPLE: J'avais un chien quand j'étais enfant.
I had a dog when I was a child.

Être *
To Be

Je suis malade.
I am sick.

	Présent	Passé Composé	Imparfait	Futur
je/j'	suis	ai été	étais	serai
tu	es	as été	étais	seras
il/elle/on	est	a été	était	sera
nous	sommes	avons été	étions	serons
vous	êtes	avez été	étiez	serez
ils/elles	sont	ont été	étaient	seront

EXAMPLE:

Quand ma mère était une petite fille, elle habitait à Lyon.

When my mother was a young girl, she lived in Lyon.

ER VERBS

One of the easiest ways to remember verbs is to learn the PATTERNS that go along with conjugation. Let's look at the French patterns for the ER verbs (i.e. aimer, parler, tomber).

Most ER verbs follow this pattern, however there are always exceptions to rules. These exceptions are denoted by an **asterisk (*)**.

ER Verbs		Présent	Passé Composé	Imparfait	Futur
je	I	root + e	avoir/être, root + é	root + ais	infin. + ai
tu	you	root + es	avoir/être, root + é	root + ais	infin. + as
il/elle/on	he/she/we	root + e	avoir/être, root + é	root + ait	infin. + a
nous	we	root + ons	avoir/être, root + é	root + ions	infin. + ons
vous	you (formal)/ you all	root + ez	avoir/être, root + é	root + iez	infin. + ez
ils/elles	they (masc./fem.)	root + ent	avoir/être, root + é	root + aient	infin. + ont

Accepter
To Accept

J'ai accepté la médaille d'or
respectueusement.
I accepted the gold medal
respectfully.

	Présent	Passé Composé	Imparfait	Futur
j'	accepte	ai accepté	acceptais	accepterai
tu	acceptes	as accepté	acceptais	accepteras
il/elle/on	accepte	a accepté	acceptait	acceptera
nous	acceptons	avons accepté	acceptions	accepterons
vous	acceptez	avez accepté	acceptiez	accepterez
ils/elles	acceptent	ont accepté	acceptaient	accepteront

EXAMPLE: J'ai accepté les boucles d'oreilles de mon petit ami.
I accepted the earrings from my boyfriend.

Acheter
To Buy

J'ai acheté le déjeuner aujourd'hui.
I bought lunch today.

	Présent	Passé Composé	Imparfait	Futur
j'	achète	ai acheté	achetais	achèterai
tu	achètes	as acheté	achetais	achèteras
il/elle/on	achète	a acheté	achetait	achètera
nous	achetons	avons acheté	achetions	achèterons
vous	achetez	avez acheté	achetiez	achèterez
ils/elles	achètent	ont acheté	achetaient	achèteront

EXAMPLE: J'achèterai une nouvelle robe pour la grande fête.
I will buy a new dress for the big party.

Aimer
To Like/Love

Je t'aime, ma chérie.
I love you, honey.

	Présent	Passé Composé	Imparfait	Futur
j'	aime	ai aimé	aimais	aimerai
tu	aimes	as aimé	aimais	aimeras
il/elle/on	aime	a aimé	aimait	aimera
nous	aimons	avons aimé	aimions	aimerons
vous	aimez	avez aimé	aimiez	aimerez
ils/elles	aiment	ont aimé	aimaient	aimeront

EXAMPLE: J'aime bien les chats de mon ami Pierre.
I really like my friend Pierre's cats.

Aller *
To Go

Je vais à l'école tous les jours.
I go to school every day.

	Présent	Passé Composé	Imparfait	Futur
je/j'	vais	suis allé(e)	allais	irai
tu	vas	es allé(e)	allais	iras
il/elle/on	va	est allé(e)	allait	ira
nous	allons	sommes allé(e)s	allions	irons
vous	allez	êtes allé(e)(s)	alliez	irez
ils/elles	vont	sont allé(e)s	allaient	iront

EXAMPLE: J'irai en Grèce pour mon voyage de noces.
I will go to Greece for my honeymoon.

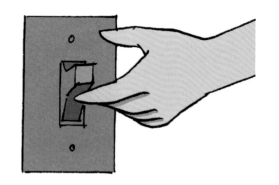

Allumer
To Turn On

J'allume la lumière.
I turn on the light.

	Présent	Passé Composé	Imparfait	Futur
j'	allume	ai allumé	allumais	allumerai
tu	allumes	as allumé	allumais	allumeras
il/elle/on	allume	a allumé	allumait	allumera
nous	allumons	avons allumé	allumions	allumerons
vous	allumez	avez allumé	allumiez	allumerez
ils/elles	allument	ont allumé	allumaient	allumeront

EXAMPLE: Il a allumé la lumière de la cuisine pour qu'il puisse voir.
He turned on the light to the kitchen so he could see.

Annuler
To Cancel

Nous avons annulé la pièce.
We canceled the play.

	Présent	Passé Composé	Imparfait	Futur
j'	annule	ai annulé	annulais	annulerai
tu	annules	as annulé	annulais	annuleras
il/elle/on	annule	a annulé	annulait	annulera
nous	annulons	avons annulé	annulions	annulerons
vous	annulez	avez annulé	annuliez	annulerez
ils/elles	annulent	ont annulé	annulaient	annuleront

EXAMPLE: J'ai annulé mon rendez-vous avec le Professeur Toulouse.
I canceled my appointment with Professor Toulouse.

Apporter
To Bring

Le chien apporte le journal.
The dog brings the paper.

	Présent	Passé Composé	Imparfait	Futur
j'	apporte	ai apporté	apportais	apporterai
tu	apportes	as apporté	apportais	apporteras
il/elle/on	apporte	a apporté	apportait	apportera
nous	apportons	avons apporté	apportions	apporterons
vous	apportez	avez apporté	apportiez	apporterez
ils/elles	apportent	ont apporté	apportaient	apporteront

EXAMPLE: Nous apportons nos sacs à dos pour les grandes vacances.
We bring our backpacks for the long vacation.

(Se) Blesser
To Hurt

Ma chaussure m'a blessé au pied parce qu'elle est trop petite.
My shoe hurt my foot because it is too small.

	Présent	Passé Composé	Imparfait	Futur
je/j'	blesse	ai blessé	blessais	blesserai
tu	blesses	as blessé	blessais	blesseras
il/elle/on	blesse	a blessé	blessait	blessera
nous	blessons	avons blessé	blessions	blesserons
vous	blessez	avez blessé	blessiez	blesserez
ils/elles	blessent	ont blessé	blessaient	blesseront

REFLEXIVE EXAMPLE:

Vous ne vous blessez pas au dos quand vous levez les caisses.

Don't hurt your back when you lift the boxes.

Casser
To Break

J'ai cassé le crayon.
I broke the pencil.

	Présent	Passé Composé	Imparfait	Futur
je/j'	casse	ai cassé	cassais	casserai
tu	casses	as cassé	cassais	casseras
il/elle/on	casse	a cassé	cassait	cassera
nous	cassons	avons cassé	cassions	casserons
vous	cassez	avez cassé	cassiez	casserez
ils/elles	cassent	ont cassé	cassaient	casseront

EXAMPLE: Paul a cassé un verre quand il faisait la vaisselle.
Paul broke a glass when he was doing the dishes.

Changer
To Change

Il a changé ses vêtements.
He changed his clothes.

Changer

	Présent	Passé Composé	Imparfait	Futur
je/j'	change	ai changé	changeais	changerai
tu	changes	as changé	changeais	changeras
il/elle/on	change	a changé	changeait	changera
nous	changeons	avons changé	changions	changerons
vous	changez	avez changé	changiez	changerez
ils/elles	changent	ont changé	changeaient	changeront

EXAMPLE: Ils changent de vêtements pour le match de foot.
They change their clothes for the football game.

Chanter
To Sing

La chanteuse d'opéra a chanté
Carmen de Bizet.
**The opera singer sang Bizet's
Carmen.**

	Présent	Passé Composé	Imparfait	Futur
je/j'	chante	ai chanté	chantais	chanterai
tu	chantes	as chanté	chantais	chanteras
il/elle/on	chante	a chanté	chantait	chantera
nous	chantons	avons chanté	chantions	chanterons
vous	chantez	avez chanté	chantiez	chanterez
ils/elles	chantent	ont chanté	chantaient	chanteront

EXAMPLE: Elle chantera la Marseillaise au match de foot.
She will sing the Marseillaise at the soccer game.

Commencer
To Start/begin

Le garçon a commencé la course.
The boy started the race.

	Présent	Passé Composé	Imparfait	Futur
je/j'	commence	ai commencé	commençais	commencerai
tu	commences	as commencé	commençais	commenceras
il/elle/on	commence	a commencé	commençait	commencera
nous	commençons	avons commencé	commencions	commencerons
vous	commencez	avez commencé	commenciez	commencerez
ils/elles	commencent	ont commencé	commençaient	commenceront

EXAMPLE: Nous avons commencé le match, mais il a plu.
We started the game, but it rained.

Compter
To Count

J'ai compté mes doigts.
I counted my fingers.

	Présent	Passé Composé	Imparfait	Futur
je/j'	compte	ai compté	comptais	compterai
tu	comptes	as compté	comptais	compteras
il/elle/on	compte	a compté	comptait	comptera
nous	comptons	avons compté	comptions	compterons
vous	comptez	avez compté	comptiez	compterez
ils/elles	comptent	ont compté	comptaient	compteront

EXAMPLE: Avez-vous compté le nombre d'invités?
Have you counted the number of guests?

Dancer
To Dance

Le couple a dansé toute la nuit.
The couple danced all night long.

Danser

	Présent	Passé Composé	Imparfait	Futur
je/j'	danse	ai dansé	dansais	danserai
tu	danses	as dansé	dansais	danseras
il/elle/on	danse	a dansé	dansait	dansera
nous	dansons	avons dansé	dansions	danserons
vous	dansez	avez dansé	dansiez	danserez
ils/elles	dansent	ont dansé	dansaient	danseront

EXAMPLE: Quand je grandirai, je dancerai à Broadway.
When I grow up, I will dance on Broadway.

Demander
To Ask

J'ai demandé une question en classe.
I asked a question in class.

Demander

	Présent	Passé Composé	Imparfait	Futur
je/j'	demande	ai demandé	demandais	demanderai
tu	demandes	as demandé	demandais	demanderas
il/elle/on	demande	a demandé	demandait	demandera
nous	demandons	avons demandé	demandions	demanderons
vous	demandez	avez demandé	demandiez	demanderez
ils/elles	demandent	ont demandé	demandaient	demanderont

EXAMPLE: Qu'est-ce que vous avez me demandez?
What did you ask me?

49

Dépenser
To Spend

Elle a trop dépensé pour les réparations.
She spent too much on the repairs.

	Présent	Passé Composé	Imparfait	Futur
je/j'	dépense	ai depensé	dépensais	dépenserai
tu	dépenses	as depensé	dépensais	dépenseras
il/elle/on	dépense	a depensé	dépensait	dépensera
nous	dépensons	avons depensé	dépensions	dépenserons
vous	dépensez	avez depensé	dépensiez	dépenserez
ils/elles	dépensent	ont depensé	dépensaient	dépenseront

EXAMPLE: Il a trop depensé pour le déguisement.
He spent too much on the costume.

Dessiner
To Draw

Le garçon a dessiné un autoportrait.
The boy drew a self portrait.

	Présent	Passé Composé	Imparfait	Futur
je/j'	dessine	ai dessiné	dessinais	dessinerai
tu	dessines	as dessiné	dessinais	dessineras
il/elle/on	dessine	a dessiné	dessinait	dessinera
nous	dessinons	avons dessiné	dessinions	dessinerons
vous	dessinez	avez dessiné	dessiniez	dessinerez
ils/elles	dessinent	ont dessiné	dessinaient	dessineront

EXAMPLE: Quand j'étais petit, je dessinais tous les jours.
When I was small, I drew every day.

Donner
To Give

Il donnera un cadeau à sa soeur.
He will give a gift to his sister.

	Présent	Passé Composé	Imparfait	Futur
je/j'	donne	ai donné	donnais	donnerai
tu	donnes	as donné	donnais	donneras
il/elle/on	donne	a donné	donnait	donnera
nous	donnons	avons donné	donnions	donnerons
vous	donnez	avez donné	donniez	donnerez
ils/elles	donnent	ont donné	donnaient	donneront

EXAMPLE: Pour Nöel, je vous donnerai des bijoux.
For Christmas, I will give you jewelry.

Écouter
To Listen

J'écoute de la musique.
I listen to music.

	Présent	Passé Composé	Imparfait	Futur
j'	écoute	ai écouté	écoutais	écouterai
tu	écoutes	as écouté	écoutais	écouteras
il/elle/on	écoute	a écouté	écoutait	écoutera
nous	écoutons	avons écouté	écoutions	écouterons
vous	écoutez	avez écouté	écoutiez	écouterez
ils/elles	écoutent	ont écouté	écoutaient	écouteront

EXAMPLE: Est-ce que tu ne m'écoutes pas du tout, mon fils?
Do you not listen to me at all, son?

Emmener

To Take
(persons)

Nous avons emmené les enfants à l'école.
We took the children to school.

Emmener

	Présent	Passé Composé	Imparfait	Futur
j'	emmène	ai emmené	emmenais	emmènerai
tu	emmènes	as emmené	emmenais	emmèneras
il/elle/on	emmène	a emmené	emmenait	emmènera
nous	emmenons	avons emmené	emmenions	emmènerons
vous	emmenez	avez emmené	emmeniez	emmènerez
ils/elles	emmènent	ont emmené	emmenaient	emmèneront

EXAMPLE: Je vous emmènerai au zoo ce weekend.
I will take you to the zoo this weekend.

Enseigner
To Teach

Le professeur enseigne la physique.
The professor teaches physics.

	Présent	Passé Composé	Imparfait	Futur
j'	enseigne	ai enseigné	enseignais	enseignerai
tu	enseignes	as enseigné	enseignais	enseigneras
il/elle/on	enseigne	a enseigné	enseignait	enseignera
nous	enseignons	avons enseigné	enseignions	enseignerons
vous	enseignez	avez enseigné	enseigniez	enseignerez
ils/elles	enseignent	ont enseigné	enseignaient	enseigneront

EXAMPLE: Est-ce que vous m'enseignerez la dance?
Will you teach me to dance?

Envoyer *
To Send

J'envoie le colis à mon ami.
I send the package to my friend.

	Présent	Passé Composé	Imparfait	Futur
j'	envoie	ai envoyé	envoyais	enverrai
tu	envoies	as envoyé	envoyais	enverras
il/elle/on	envoie	a envoyé	envoyait	enverra
nous	envoyons	avons envoyé	envoyions	enverrons
vous	envoyez	avez envoyé	envoyiez	enverrez
ils/elles	envoient	ont envoyé	envoyaient	enverront

EXAMPLE: J'ai besoin d'envoyer la lettre aujourd'hui.
I need to send the letter today.

Épeler
To Spell

J'épelle les mots en français.
I spell the words in French.

	Présent	Passé Composé	Imparfait	Futur
j'	épelle	ai épelé	épelais	épèlerai
tu	épelles	as épelé	épelais	épèleras
il/elle/on	épelle	a épelé	épelait	épèlera
nous	épelons	avons épelé	épelions	épèlerons
vous	épelez	avez épelé	épeliez	épèlerez
ils/elles	épellent	ont épelé	épelaient	épèleront

EXAMPLE: Comment est-ce que vous épelez votre nom?
How do you spell your name?

Essayer
To Try

J'ai essayé de lever des haltères.
I tried to lift weights.

	Présent	Passé Composé	Imparfait	Futur
j'	essaie	ai essayé	essayais	essaierai
tu	essaies	as essayé	essayais	essaieras
il/elle/on	essaie	a essayé	essayait	essaiera
nous	essayons	avons essayé	essayions	essaierons
vous	essayez	avez essayé	essayiez	essaierez
ils/elles	essaient	ont essayé	essayaient	essaieront

EXAMPLE: J'essaierai de faire du ski cette hiver.
I will try to go skiing this winter.

Étudier
To Study

Jean Paul étudie l'histoire de France.
Jean Paul studies the history of France.

	Présent	Passé Composé	Imparfait	Futur
j'	étudie	ai étudié	étudiais	étudierai
tu	étudies	as étudié	étudiais	étudieras
il/elle/on	étudie	a étudié	étudiait	étudiera
nous	étudions	avons étudié	étudiions	étudierons
vous	étudiez	avez étudié	étudiiez	étudierez
ils/elles	étudient	ont étudié	étudiaient	étudieront

EXAMPLE: J'étudierai pour l'examen de vendredi.
I will study for the test on Friday.

Expliquer
To Explain

J'ai expliqué comment construire une maison.
I explained how to build a house.

	Présent	Passé Composé	Imparfait	Futur
j'	explique	ai expliqué	expliquais	expliquerai
tu	expliques	as expliqué	expliquais	expliqueras
il/elle/on	explique	a expliqué	expliquait	expliquera
nous	expliquons	avons expliqué	expliquions	expliquerons
vous	expliquez	avez expliqué	expliquiez	expliquerez
ils/elles	expliquent	ont expliqué	expliquaient	expliqueront

EXAMPLE: Pouvez-vous expliquer la mise en place de l'histoire?
Can you explain the setting of the story?

Fermer
To Close/shut

J'ai fermé la porte de la maison.
I closed the door to the house.

Fermer

	Présent	Passé Composé	Imparfait	Futur
je/j'	ferme	ai fermé	fermais	fermerai
tu	fermes	as fermé	fermais	fermeras
il/elle/on	ferme	a fermé	fermait	fermera
nous	fermons	avons fermé	fermions	fermerons
vous	fermez	avez fermé	fermiez	fermerez
ils/elles	ferment	ont fermé	fermaient	fermeront

EXAMPLE: S'il vous plaît fermez la fenêtre.
Please close the window.

Fumer
To Smoke

Je fume des cigarettes, même si elles sont mauvaises pour moi.
I smoke cigarettes, even if they are bad for me.

	Présent	Passé Composé	Imparfait	Futur
je/j'	fume	ai fumé	fumais	fumerai
tu	fumes	as fumé	fumais	fumeras
il/elle/on	fume	a fumé	fumait	fumera
nous	fumons	avons fumé	fumions	fumerons
vous	fumez	avez fumé	fumiez	fumerez
ils/elles	fument	ont fumé	fumaient	fumeront

EXAMPLE:

Ne fumez pas à côté du bébé.
Don't smoke next to the baby.

Habiter
To Live

J'habite avec mes parents.
I live with my parents.

	Présent	Passé Composé	Imparfait	Futur
j'	habite	ai habité	habitais	habiterai
tu	habites	as habité	habitais	habiteras
il/elle/on	habite	a habité	habitais	habitera
nous	habitons	avons habité	habitions	habiterons
vous	habitez	avez habité	habitiez	habiterez
ils/elles	habitent	ont habité	habitaient	habiteront

EXAMPLE: Quand vous étiez un enfant, où habitiez-vous?
When you were a child, where did you live?

Jouer
To Play

Martin joue avec ses jouets.
Martin plays with his toys.

	Présent	Passé Composé	Imparfait	Futur
je/j'	joue	ai joué	jouais	jouerai
tu	joues	as joué	jouais	joueras
il/elle/on	joue	a joué	jouait	jouera
nous	jouons	avons joué	jouions	jouerons
vous	jouez	avez joué	jouiez	jouerez
ils/elles	jouent	ont joué	jouaient	joueront

EXAMPLE: Quel instrument jouez-vous?
What instrument do you play?

(Se) Laver
To Wash

Je lave la fenêtre.
I wash the window.

	Présent	Passé Composé	Imparfait	Futur
je/j'	lave	ai lavé	lavais	laverai
tu	laves	as lavé	lavais	laveras
il/elle/on	lave	a lavé	lavait	lavera
nous	lavons	avons lavé	lavions	laverons
vous	lavez	avez lavé	laviez	laverez
ils/elles	lavent	ont lavé	lavaient	laveront

REFLEXIVE EXAMPLE: Vous vous lavez les mains avant le dîner.
Wash your hands before dinner.

Manger
To Eat

Je mange un sandwich au déjeuner.
I eat a sandwich for lunch.

	Présent	Passé Composé	Imparfait	Futur
je/j'	mange	ai mangé	mangeais	mangerai
tu	manges	as mangé	mangeais	mangeras
il/elle/on	mange	a mangé	mangeait	mangera
nous	mangeons	avons mangé	mangions	mangerons
vous	mangez	avez mangé	mangiez	mangerez
ils/elles	mangent	ont mangé	mangeaient	mangeront

EXAMPLE: Qu'est-ce que tu as mangé pour le déjeuner hier?
What did you eat for lunch yesterday?

Montrer
To Show

Je vous montrerai mon tableau
quand j'aurai fini.
I will show you my painting when I finish.

	Présent	Passé Composé	Imparfait	Futur
je/j'	montre	ai montré	montrais	montrerai
tu	montres	as montré	montrais	montreras
il/elle/on	montre	a montré	montrait	montrera
nous	montrons	avons montré	montrions	montrerons
vous	montrez	avez montré	montriez	montrerez
ils/elles	montrent	ont montré	montraient	montreront

EXAMPLE: Je vous montrerai un tour de magie.
I will show you a magic trick.

85

Nager
To Swim

Je nage dans la mer.
I swim in the ocean.

Nager

	Présent	Passé Composé	Imparfait	Futur
je/j'	nage	ai nagé	nageais	nagerai
tu	nages	as nagé	nageais	nageras
il/elle/on	nage	a nagé	nageait	nagera
nous	nageons	avons nagé	nagions	nagerons
vous	nagez	avez nagé	nagiez	nagerez
ils/elles	nagent	ont nagé	nageaient	nageront

EXAMPLE: Nagerez-vous aux jeux Olympiques d'été en 2012?
Will you swim in the Summer Olympics in 2012?

Organiser
To Organize

J'organiserai un match de foot.
I will organize a soccer game.

	Présent	Passé Composé	Imparfait	Futur
j'	organise	ai organisé	organisais	organiserai
tu	organises	as organisé	organisais	organiseras
il/elle/on	organise	a organisé	organisait	organisera
nous	organisons	avons organisé	organisions	organiserons
vous	organisez	avez organisé	organisiez	organiserez
ils/elles	organisent	ont organisé	organisaient	organiseront

EXAMPLE:

Avez-vous organisé vos dossiers?
Have you organized your files?

Oublier
To Forget

Elle a oublié le code de sa serrure.
She forgot the combination to her lock.

	Présent	Passé Composé	Imparfait	Futur
j'	oublie	ai oublié	oubliais	oublierai
tu	oublies	as oublié	oubliais	oublieras
il/elle/on	oublie	a oublié	oubliait	oubliera
nous	oublions	avons oublié	oubliions	oublierons
vous	oubliez	avez oublié	oubliiez	oublierez
ils/elles	oublient	ont oublié	oubliaient	oublieront

EXAMPLE: J'ai oublié de sortir la poubelle.
I forgot to take out the trash.

Parler
To Speak/Talk

Il parle à la conférence.
He speaks at the conference.

Parler

	Présent	Passé Composé	Imparfait	Futur
je/j'	parle	ai parlé	parlais	parlerai
tu	parles	as parlé	parlais	parleras
il/elle/on	parle	a parlé	parlait	parlera
nous	parlons	avons parlé	parlions	parlerons
vous	parlez	avez parlé	parliez	parlerez
ils/elles	parlent	ont parlé	parlaient	parleront

EXAMPLE:

Je parlerai en classe ce jeudi.
I will speak in class this Thursday.

Payer
To Pay

Je vous paierez en espèces.
I will pay you in cash.

	Présent	Passé Composé	Imparfait	Futur
je/j'	paie	ai payé	payais	paierai
tu	paies	as payé	payais	paieras
il/elle/on	paie	a payé	payait	paiera
nous	payons	avons payé	payions	paierons
vous	payez	avez payé	payiez	paierez
ils/elles	paient	ont payé	payaient	paieront

EXAMPLE: Nous paierons les prochaines vacances.
We will pay for the next vacation.

Penser
To Think

Elle pense à l'avenir.
She thinks of the future.

	Présent	Passé Composé	Imparfait	Futur
je/j'	pense	ai pensé	pensais	penserai
tu	penses	as pensé	pensais	penseras
il/elle/on	pense	a pensé	pensait	pensera
nous	pensons	avons pensé	pensions	penserons
vous	pensez	avez pensé	pensiez	penserez
ils/elles	pensent	ont pensé	pensaient	penseront

EXAMPLE: Je pense que votre robe est très jolie.
I think your dress is very pretty.

Poser
To Put

Je pose les livres sur l'étagère.
I put the books on the shelf.

	Présent	Passé Composé	Imparfait	Futur
je/j'	pose	ai posé	posais	poserai
tu	poses	as posé	posais	poseras
il/elle/on	pose	a posé	posait	posera
nous	posons	avons posé	posions	poserons
vous	posez	avez posé	posiez	poserez
ils/elles	posent	ont posé	posaient	poseront

EXAMPLE:

Je poserai mes jouets dans leurs boîtes quand j'aurai fini de jouer.

I will put my toys in their boxes when I have finished playing.

Présenter
To Introduce

Cammile, je vous présente mon fils.
Cammile, I introduce to you my son.

	Présent	Passé Composé	Imparfait	Futur
je/j'	présente	ai présenté	présentais	présenterai
tu	présentes	as présenté	présentais	présenteras
il/elle/on	présente	a présenté	présentait	présentera
nous	présentons	avons présenté	présentions	présenterons
vous	présentez	avez présenté	présentiez	présenterez
ils/elles	présentent	ont présenté	présentaient	présenteront

EXAMPLE: Je vous présente mon fiancé Pierre.
I introduce to you my fiancé Pierre.

Prêter
To Borrow/ Loan

Je lui ai prêté une clé anglaise.
I loaned him a wrench.

	Présent	Passé Composé	Imparfait	Futur
je/j'	prête	ai prêté	prêtais	prêterai
tu	prêtes	as prêté	prêtais	prêteras
il/elle/on	prête	a prêté	prêtait	prêtera
nous	prêtons	avons prêté	prêtions	prêterons
vous	prêtez	avez prêté	prêtiez	prêterez
ils/elles	prêtent	ont prêté	prêtaient	prêteront

EXAMPLE: J'ai prêté mon livre à mon ami Jean Claude.
I loaned my book to my friend Jean Claude.

Regarder
To Look/ Watch

J'ai regardé attentivement le document.
I looked at the document closely.

	Présent	Passé Composé	Imparfait	Futur
je/j'	regarde	ai regardé	regardais	regarderai
tu	regardes	as regardé	regardais	regarderas
il/elle/on	regarde	a regardé	regardait	regardera
nous	regardons	avons regardé	regardions	regarderons
vous	regardez	avez regardé	regardiez	regarderez
ils/elles	regardent	ont regardé	regardaient	regarderont

EXAMPLE: Je regarderai la télé aprés avoir fait mes devoirs.
I will watch tv after I finish my homework.

Réparer
To Fix

J'ai reparé ma voiture.
I fixed my car.

Réparer

	Présent	Passé Composé	Imparfait	Futur
je/j'	répare	ai réparé	réparais	réparerai
tu	répares	as réparé	réparais	répareras
il/elle/on	répare	a réparé	réparait	réparera
nous	réparons	avons réparé	réparions	réparerons
vous	réparez	avez réparé	répariez	réparerez
ils/elles	réparent	ont réparé	réparaient	répareront

EXAMPLE:

Vous réparez la porte.
You fix the door.

Rester
To Stay

Le petit chien est resté sans bouger.
The little doggy stayed without moving.

	Présent	Passé Composé	Imparfait	Futur
je	reste	suis resté(e)	restais	resterai
tu	restes	es resté(e)	restais	resteras
il/elle/on	reste	est resté(e)	restait	restera
nous	restons	sommes resté(e)s	restions	resterons
vous	restez	êtes resté(e)(s)	restiez	resterez
ils/elles	restent	sont resté(e)s	restaient	resteront

EXAMPLE:

Je resterai chez Nadine cet été.
I will stay at Nadine's house this summer.

S'inquièter
To Worry

Elle s'inquiète trop.
She worries too much.

	Présent	Passé Composé	Imparfait	Futur
je	m'inquiète	me suis inquieté(e)	m'inquiétais	m'inquiéterai
tu	t'inquiètes	t'es inquieté(e)	t'inquiétais	t'inquiéteras
il/elle/on	s'inquiète	s'est inquieté(e)	s'inquiétait	s'inquiétera
nous	nous inquiétons	nous sommes inquieté(e)s	nous inquiétions	nous inquiéterons
vous	vous inquiétez	vous êtes inquieté(e)(s)	vous inquiétiez	vous inquiéterez
ils/elles	s'inquiètent	se sont inquieté(e)s	s'inquiétaient	s'inquiéteront

Ne t'inquiète pas pour ton examen d'aujourd'hui.

EXAMPLE: Don't worry about your exam today.

111

Se Peigner
To Comb

Je me peigne les cheveux.
I comb my hair.

	Présent	Passé Composé	Imparfait	Futur
je/j'	me peigne	me suis peigné(e)	me peignais	me peignerai
tu	te peignes	t'es peigné(e)	te peignais	te peigneras
il/elle/on	se peigne	s'est peigné(e)	se peignait	se peignera
nous	nous peignons	nous sommes peigné(e)s	nous peignions	nous peignerons
vous	vous peignez	vous êtes peigné(e)(s)	vous peigniez	vous peignerez
ils/elles	se peignent	se sont peigné(e)s	se peignaient	se peigneront

EXAMPLE: J'ai besoin de me peigner les cheveux avant de sortir.
I need to comb my hair before I go out.

Se Réveiller
To Wake Up

Je me réveille à 6 heures chaque matin.
I wake up at 6 AM each morning.

	Présent	Passé Composé	Imparfait	Futur
je	me réveille	me suis réveillé(e)	me réveillais	me réveillerai
tu	te réveilles	t'es réveillé(e)	te réveillais	te réveilleras
il/elle/on	se réveille	s'est réveillé(e)	se réveillait	se réveillera
nous	nous réveillons	nous sommes réveillé(e)s	nous réveillions	nous réveillerons
vous	vous réveillez	vous êtes réveillé(e)(s)	vous réveilliez	vous réveillerez
ils/elles	se réveillent	se sont réveillé(e)s	se réveillaient	se réveilleront

EXAMPLE:

Je ne me suis pas réveillé tôt hier.
I didn't wake up early yesterday.

Signer
To Sign

Je signe le document.
I sign the paper.

	Présent	Passé Composé	Imparfait	Futur
je/j'	signe	ai signé	signais	signerai
tu	signes	as signé	signais	signeras
il/elle/on	signe	a signé	signait	signera
nous	signons	avons signé	signions	signerons
vous	signez	avez signé	signiez	signerez
ils/elles	signent	ont signé	signaient	signeront

EXAMPLE:

Quand j'étais jeune, je signais mon nom sur le sable à la plage.

When I was young, I would sign my name in the sand at the beach.

Taper
To Type

Je tape mes documents sur l'ordinateur.
I type my papers on the computer.

Taper

	Présent	Passé Composé	Imparfait	Futur
je/j'	tape	ai tapé	tapais	taperai
tu	tapes	as tapé	tapais	taperas
il/elle/on	tape	a tapé	tapait	tapera
nous	tapons	avons tapé	tapions	taperons
vous	tapez	avez tapé	tapiez	taperez
ils/elles	tapent	ont tapé	tapaient	taperont

EXAMPLE: Je taperai mon document pour le cours d'histoire.
I will type my paper for History class.

Terminer
To Finish

J'ai terminé la course.
I finished the race.

	Présent	Passé Composé	Imparfait	Futur
je/j'	termine	ai terminé	terminais	terminerai
tu	termines	as terminé	terminais	termineras
il/elle/on	termine	a terminé	terminait	terminera
nous	terminons	avons terminé	terminions	terminerons
vous	terminez	avez terminé	terminiez	terminerez
ils/elles	terminent	ont terminé	terminaient	termineront

EXAMPLE: Je terminerai le match de foot à 16h.
I will finish the soccer game at 4 pm.

121

Tomber
To Fall

Je suis tombé de l'échelle.
I fell off the ladder.

	Présent	Passé Composé	Imparfait	Futur
je/j'	tombe	suis tombé(e)	tombais	tomberai
tu	tombes	es tombé(e)	tombais	tomberas
il/elle/on	tombe	est tombé(e)	tombait	tombera
nous	tombons	sommes tombé(e)s	tombions	tomberons
vous	tombez	êtes tombé(e)(s)	tombiez	tomberez
ils/elles	tombent	sont tombé(e)s	tombaient	tomberont

EXAMPLE: Je suis tombé et je me suis blessé au bras.
I fell down and hurt my arm.

Tousser
To Cough

Quand je tousse, je me sens pire.
When I cough, I feel worse.

	Présent	Passé Composé	Imparfait	Futur
je/j'	tousse	ai toussé	toussais	tousserai
tu	tousses	as toussé	toussais	tousseras
il/elle/on	tousse	a toussé	toussait	toussera
nous	toussons	avons toussé	toussions	tousserons
vous	toussez	avez toussé	toussiez	tousserez
ils/elles	toussent	ont toussé	toussaient	tousseront

EXAMPLE: Elle était malade le mois dernier et elle toussait nuit et jour.
She was sick last month and coughed night and day.

Travailler
To Work

Je travaille dans le jardin.
I work in the garden.

	Présent	Passé Composé	Imparfait	Futur
je/j'	travaille	ai travaillé	travaillais	travaillerai
tu	travailles	as travaillé	travaillais	travailleras
il/elle/on	travaille	a travaillé	travaillait	travaillera
nous	travaillons	avons travaillé	travaillions	travaillerons
vous	travaillez	avez travaillé	travailliez	travaillerez
ils/elles	travaillent	ont travaillé	travaillaient	travailleront

EXAMPLE: Où est-ce que tu travailles?
Where do you work?

Trouver
To Find

J'ai trouvé le trésor que je cherchais!
I found the treasure I was looking for!

Trouver

	Présent	Passé Composé	Imparfait	Futur
je/j'	trouve	ai trouvé	trouvais	trouverai
tu	trouves	as trouvé	trouvais	trouveras
il/elle/on	trouve	a trouvé	trouvait	trouvera
nous	trouvons	avons trouvé	trouvions	trouverons
vous	trouvez	avez trouvé	trouviez	trouverez
ils/elles	trouvent	ont trouvé	trouvaient	trouveront

EXAMPLE: Est-ce que vous avez trouvé mon bureau facilement?
Did you find my office easily?

Utiliser
To Use

J'utilise la clé pour ouvrir la serrure.
I use the key to open the lock.

	Présent	Passé Composé	Imparfait	Futur
je/j'	utilise	ai utilisé	utilisais	utiliserai
tu	utilises	as utilisé	utilisais	utiliseras
il/elle/on	utilise	a utilisé	utilisait	utilisera
nous	utilisons	avons utilisé	utilisions	utiliserons
vous	utilisez	avez utilisé	utilisiez	utiliserez
ils/elles	utilisent	ont utilisé	utilisaient	utiliseront

EXAMPLE:

Elle a utilisé le stylo rouge pour les corrections sur le document.

She used a red pen for the corrections on the document.

Voler
To Steal

Le voleur a volé la télé.
The thief stole the TV.

Voler

	Présent	Passé Composé	Imparfait	Futur
je/j'	vole	ai volé	volais	volerai
tu	voles	as volé	volais	voleras
il/elle/on	vole	a volé	volait	volera
nous	volons	avons volé	volions	volerons
vous	volez	avez volé	voiliez	volerez
ils/elles	volent	ont volé	volaient	voleront

EXAMPLE:

Cet homme a volé mon portefeuille!
That man stole my wallet!

Voyager
To Travel

Il a voyagé en autobus au Grand Canyon.
He traveled by bus to the Grand Canyon.

	Présent	Passé Composé	Imparfait	Futur
je/j'	voyage	ai voyage	voyageais	voyagerai
tu	voyages	as voyages	voyageais	voyageras
il/elle/on	voyage	a voyage	voyageait	voyagera
nous	voyageons	avons voyageons	voyagions	voyagerons
vous	voyagez	avez voyagez	voyagiez	voyagerez
ils/elles	voyagent	ont voyagent	voyageaient	voyageront

EXAMPLE: Avez-vous voyagé récemment en Asie?
Have you traveled recently to Asia?

IR VERBS

Like ER verbs, IR verbs (i.e. choisir, sortir, remplir) have a pattern which some IR verbs follow, however there are many exceptions to this rule for the present tense. Make sure to memorize the IRREGULAR verbs, denoted by an **asterisk (*)**.

IR Verbs		Présent	Passé Composé	Imparfait	Futur
je	I	root + is	avoir/être, root + i	root + ais	infin. + ai
tu	you	root + is	avoir/être, root + i	root + ais	infin. + as
il/elle/on	he/she/we	root + it	avoir/être, root + i	root + ait	infin. + a
nous	we	root + issons	avoir/être, root + i	root + ions	infin. + ons
vous	you (formal)/ you all	root + issez	avoir/être, root + i	root + iez	infin. + ez
ils/elles	they (masc./fem.)	root + issent	avoir/être, root + i	root + aient	infin. + ont

Choisir *
To Choose

Je choisis la deuxième pomme.
I choose the second apple.

	Présent	Passé Composé	Imparfait	Futur
je/j'	choisis	ai choisi	choisissais	choisirai
tu	choisis	as choisi	choisissais	choisiras
il/elle/on	choisit	a choisi	choisissait	choisira
nous	choisissons	avons choisi	choisissions	choisirons
vous	choisissez	avez choisi	choisissiez	choisirez
ils/elles	choisissent	ont choisi	choisissaient	choisiront

EXAMPLE:

Je choisis de faire du ballet seulement le lundi et le mardi chaque semaine.

I choose to practice ballet only on Mondays and Tuesdays of each week.

Courir
To Run

Elle court tous les jours.
She runs every day.

Courir

	Présent	Passé Composé	Imparfait	Futur
je/j'	cours	ai couru	courais	courrai
tu	cours	as couru	courais	courras
il/elle/on	court	a couru	courait	courra
nous	courons	avons couru	courions	courrons
vous	courez	avez couru	couriez	courrez
ils/elles	courent	ont couru	couraient	courront

EXAMPLE: Je courrai vite s'il y a un gros ours derrière moi.
I will run fast if there is a big bear behind me.

Dormir *
To Sleep

Il dort dans son lit.
He sleeps in his bed.

	Présent	Passé Composé	Imparfait	Futur
je/j'	dors	ai dormi	dormais	dormirai
tu	dors	as dormi	dormais	dormiras
il/elle/on	dort	a dormi	dormait	dormira
nous	dormons	avons dormi	dormions	dormirons
vous	dormez	avez dormi	dormiez	dormirez
ils/elles	dorment	ont dormi	dormaient	dormiront

EXAMPLE: Je suis contente quand je dors dans mon lit.
It makes me happy when I sleep in my bed.

Finir
To Finish

J'ai fini le tableau.
I finished the painting.

	Présent	Passé Composé	Imparfait	Futur
je/j'	finis	ai fini	finissais	finirai
tu	finis	as fini	finissais	finiras
il/elle/on	finit	a fini	finissait	finira
nous	finissons	avons fini	finissions	finirons
vous	finissez	avez fini	finissiez	finirez
ils/elles	finissent	ont fini	finissaient	finiront

EXAMPLE: Le film a fini avec une grande scène.
The film finished with a great scene.

Grossir
To Gain Weight

J'ai grossi parce que j'ai trop mangé.
I gained weight because I ate too much.

	Présent	Passé Composé	Imparfait	Futur
je/j'	grossis	ai grossi	grossissais	grossirai
tu	grossis	as grossi	grossissais	grossiras
il/elle/on	grossit	a grossi	grossissait	grossira
nous	grossissons	avons grossi	grossissions	grossirons
vous	grossissez	avez grossi	grossissiez	grossirez
ils/elles	grossissent	ont grossi	grossissaient	grossiront

EXAMPLE:

J'ai grossi aux vacances de Thanksgiving parce que j'ai trop mangé.
I gained weight over Thanksgiving because I ate too much.

Maigrir
To Lose Weight

Il a maigri beaucoup.
He lost a lot of weight.

	Présent	Passé Composé	Imparfait	Futur
je/j'	maigris	ai maigri	maigrissais	maigrirai
tu	maigris	as maigri	maigrissais	maigriras
il/elle/on	maigrit	a maigri	maigrissait	maigrira
nous	maigrissons	avons maigri	maigrissions	maigrirons
vous	maigrissez	avez maigri	maigrissiez	maigrirez
ils/elles	maigrissent	ont maigri	maigrissaient	maigriront

EXAMPLE: Tu as maigri quand tu n'as pas mangé beaucoup.
You lost weight when you didn't eat a lot.

Ouvrir *
To Open

J'ai ouvert le coffre fort.
I opened the safe.

	Présent	Passé Composé	Imparfait	Futur
je/j'	ouvre	ai ouvert	ouvrais	ouvrirai
tu	ouvres	ai ouvert	ouvrais	ouvriras
il/elle/on	ouvre	a ouvert	ouvrait	ouvrira
nous	ouvrons	avons ouvert	ouvrions	ouvrirons
vous	ouvrez	avez ouvert	ouvriez	ouvrirez
ils/elles	ouvrent	ont ouvert	ouvraient	ouvriront

EXAMPLE: Ouvrez-vous la porte, s'il vous plaît.
Open the door, please.

Partir *
To Leave

Nous partons à l'opéra.
We are leaving to go to the opera.

	Présent	Passé Composé	Imparfait	Futur
je	pars	suis parti(e)	partais	partirai
tu	pars	es parti(e)	partais	partiras
il/elle/on	part	est parti(e)	partait	partira
nous	partons	sommes parti(e)s	partions	partirons
vous	partez	êtes parti(e)(s)	partiez	partirez
ils/elles	partent	sont parti(e)s	partiaient	partiront

EXAMPLE:

Je partirai du pays quand mon visa aura expiré.
I will leave the country when my visa has expired.

153

Pleuvoir *
To Rain

Il pleuvra ce printemps.
It will rain this spring.

	Présent	Passé Composé	Imparfait	Futur
je/j'	------	------	------	------
tu	------	------	------	------
il/elle/on	pleut	a plu	pleuvait	pleuvra
nous	------	------	------	------
vous	------	------	------	------
ils/elles	------	------	------	------

EXAMPLE: Il a plu le jour de mon anniversaire l'an dernier.
It rained on my birthday last year.

Pouvoir *
To Be Able To

Je peux lever des haltères très lourdes.
I can lift very heavy dumbbells.

	Présent	Passé Composé	Imparfait	Futur
je/j'	peux	ai pu	pouvais	pourrai
tu	peux	as pu	pouvais	pourras
il/elle/on	peut	a pu	pouvait	pourra
nous	pouvons	avons pu	pouvions	pourrons
vous	pouvez	avez pu	pouviez	pourrez
ils/elles	peuvent	ont pu	pouvaient	pourront

EXAMPLE: Pouvez-vous venir chez moi pour dîner ce soir?
Can you come to my house for dinner tonight?

Remplir
To Fill

J'ai rempli ma bouteille
avec de l'eau.
I filled my bottle with water.

Remplir

	Présent	Passé Composé	Imparfait	Futur
je/j'	remplis	ai rempli	remplissais	remplirai
tu	remplis	as rempli	remplissais	rempliras
il/elle/on	remplit	a rempli	remplissait	remplira
nous	remplissons	avons rempli	remplissions	remplirons
vous	remplissez	avez rempli	remplissiez	remplirez
ils/elles	remplissent	ont rempli	remplissaient	rempliront

EXAMPLE:

Quand j'étais enfant, je remplissais des seaux avec du sable sur la plage.
When I was a child, I filled buckets with sand on the beach.

Réussir
To Succeed

J'ai réussi ma carrière.
I have succeeded with my career.

	Présent	Passé Composé	Imparfait	Futur
je/j'	réussis	ai réussi	réussissais	réussirai
tu	réussis	as réussi	réussissais	réussiras
il/elle/on	réussit	a réussi	réussissait	réussira
nous	réussissons	avons réussi	réussissions	réussirons
vous	réussissez	avez réussi	réussissiez	réussirez
ils/elles	réussissent	ont réussi	réussissaient	réussiront

EXAMPLE: Vous réussirez quand vous grandirez.
You will succeed when you grow up.

S'asseoir *
To Sit

Je me suis assise sur la chaise.
I sat down on the chair.

	Présent	Passé Composé	Imparfait	Futur
je	m'assieds	me suis assis(e)	m'asseyais	m'assiérai
tu	t'assieds	t'es assis(e)	t'asseyais	t'assiéras
il/elle/on	s'assied	s'est assis(e)	s'asseyait	s'assiéra
nous	nous asseyons	nous sommes assis(e)s	nous asseyions	nous assiérons
vous	vous asseyez	vous êtes assis(e)(s)	vous asseyiez	vous assiérez
ils/elles	s'asseyent	se sont assis(e)s	s'asseyaient	s'assiéront

To Sit

EXAMPLE:

Ils s'asseyent sur le banc en face du musée.
They sit on the bench in front of the museum.

Savoir *
To Know

Je sais la réponse à cette question!
I know the answer to this question!

Savoir *

	Présent	Passé Composé	Imparfait	Futur
je/j'	sais	ai su	savais	saurai
tu	sais	as su	savais	sauras
il/elle/on	sait	a su	savait	saura
nous	savons	avons su	savions	saurons
vous	savez	avez su	saviez	saurez
ils/elles	savent	ont su	savaient	sauront

EXAMPLE:

Est-ce que vous savez combien de jours il y a dans le mois de Février?

Do you know how many days are in February?

Sortir *
To Leave

Je suis sorti du cinéma.
I left the movie theater.

	Présent	Passé Composé	Imparfait	Futur
je	sors	suis sorti(e)	sortais	sortirai
tu	sors	es sorti(e)	sortais	sortiras
il/elle/on	sort	est sorti(e)	sortait	sortira
nous	sortons	sommes sorti(e)s	sortions	sortirons
vous	sortez	êtes sorti(e)(s)	sortiez	sortirez
ils/elles	sortent	sont sorti(e)s	sortaient	sortiront

EXAMPLE:
Sortirez-vous du cinéma si le film est mauvais?
Will you leave the theater if the film is bad?

Tenir *
To Keep/To Hold

Je tiens mon argent dans une tirelire.
I keep my money in a piggy bank.

	Présent	Passé Composé	Imparfait	Futur
je/j'	tiens	ai tenu	tenais	tiendrai
tu	tiens	as tenu	tenais	tiendras
il/elle/on	tient	a tenu	tenait	tiendra
nous	tenons	avons tenu	tenions	tiendrons
vous	tenez	avez tenu	teniez	tiendrez
ils/elles	tiennent	ont tenu	tenaient	tiendront

EXAMPLE: Je tiendrai cette lettre d'amour toujours.
I will keep this love letter always.

Venir *
To Come

Elle est venue à la fête.
She came to the party.

	Présent	Passé Composé	Imparfait	Futur
je	viens	suis venu(e)	venais	viendrai
tu	viens	es venu(e)	venais	viendras
il/elle/on	vient	est venu(e)	venait	viendra
nous	venons	sommes venu(e)s	venions	viendrons
vous	venez	êtes venu(e)(s)	veniez	viendrez
ils/elles	vennent	sont venu(e)s	venaient	viendront

EXAMPLE:

Viendrez-vous à ma fête en Août?
Will you come to my party in August?

171

Voir *
To See

Il voit les montagnes enneigées.
He sees the snowy mountains.

	Présent	Passé Composé	Imparfait	Futur
je/j'	vois	ai vu	voyais	verrai
tu	vois	as vu	voyais	verras
il/elle/on	voit	a vu	voyait	verra
nous	voyons	avons vu	voyions	verrons
vous	voyez	avez vu	voyiez	verrez
ils/elles	voient	ont vu	voyaient	verront

EXAMPLE:

J'ai vu le film qui a gagné un César à Cannes cette année.

I saw the film that won a César at Cannes this year.

Vouloir *
To Want

Je veux manger les cookies.
I want to eat the cookies.

	Présent	Passé Composé	Imparfait	Futur
je/j'	veux	ai voulu	voulais	voudrai
tu	veux	as voulu	voulais	voudras
il/elle/on	veut	a voulu	voulait	voudra
nous	voulons	avons voulu	voulions	voudrons
vous	voulez	avez voulu	vouliez	voudrez
ils/elles	veulent	ont voulu	voulaient	voudront

EXAMPLE:

Qu'est-ce que tu veux?
What do you want?

RE VERBS

Like both the ER and IR verbs, many RE verbs (i.e. boire, faire, prendre) follow a particular pattern of conjugation.

Once again there are verbs that do not follow this conjugation pattern. Make sure to memorize the IRREGULAR verbs, denoted by an asterisk (*).

RE Verbs		Présent	Passé Composé	Imparfait	Futur
je	I	root + s	avoir/être, root + u	root + ais	infin. - e + ai
tu	you	root + s	avoir/être, root + u	root + ais	infin. - e + as
il/elle/on	he/she/we	root	avoir/être, root + u	root + ait	infin. - e + a
nous	we	root + ons	avoir/être, root + u	root + ions	infin. - e + ons
vous	you (formal)/ you all	root + ez	avoir/être, root + u	root + iez	infin. - e + ez
ils/elles	they (masc./fem.)	root + ent	avoir/être, root + u	root + aient	infin. - e + ont

Apprendre
To Learn

Le bébé apprend à marcher.
The baby learns to walk.

	Présent	Passé Composé	Imparfait	Futur
j'	apprends	ai appris	apprenais	apprendrai
tu	apprends	as appris	apprenais	apprendras
il/elle/on	apprend	a appris	apprenait	apprendra
nous	apprenons	avons appris	apprenions	apprendrons
vous	apprenez	avez appris	appreniez	apprendrez
ils/elles	apprennent	ont appris	apprenaient	apprendront

EXAMPLE: J'ai appris à lire quand j'avais trois ans.
I learned to read when I was three years old.

Attendre
To Wait

J'attends mon ami Charles.
I wait for my friend Charles.

	Présent	Passé Composé	Imparfait	Futur
j'	attends	ai attendu	attendais	attendrai
tu	attends	as attendu	attendais	attendras
il/elle/on	attend	a attendu	attendait	attendra
nous	attendons	avons attendu	attendions	attendrons
vous	attendez	avez attendu	attendiez	attendrez
ils/elles	attendent	ont entendu	attendaient	attendront

EXAMPLE:

Nous attendrons jusqu'à finir l'université, puis nous voyagerons.

We will wait to finish university, then we will travel.

Boire *
To Drink

Je bois huit verres d'eau chaque jour.
I drink 8 glasses of water each day.

	Présent	Passé Composé	Imparfait	Futur
je/j'	bois	ai bu	buvais	boirai
tu	bois	as bu	buvais	boiras
il/elle/on	boit	a bu	buvait	boira
nous	buvons	avons bu	buvions	boirons
vous	buvez	avez bu	buviez	boirez
ils/elles	boivent	ont bu	buvaient	boiront

EXAMPLE: Avez-vous bu du vin avec le dîner hier?
Did you drink wine with dinner yesterday?

183

Comprendre
To Understand

Je comprends l'équation mathématique.
I understand the mathematical equation.

	Présent	Passé Composé	Imparfait	Futur
je/j'	comprends	ai compris	comprenais	comprendrai
tu	comprends	as compris	comprenais	comprendras
il/elle/on	comprend	a compris	comprenait	comprendra
nous	comprenons	avons compris	comprenions	comprendrons
vous	comprenez	avez compris	compreniez	comprendrez
ils/elles	comprennent	ont compris	comprenaient	comprendront

EXAMPLE: Je ne comprend pas du tout la langue chinoise.
I do not understand the Chinese language at all.

Connaître *
To Know

Est-ce que tu connais mon frère Jacques?

Do you know my brother Jacques?

	Présent	Passé Composé	Imparfait	Futur
je/j'	connais	ai connu	connaissais	connaîtrai
tu	connais	as connu	connaissais	connaîtras
il/elle/on	connaît	a connu	connaissait	connaîtra
nous	connaissons	avons connu	connaissions	connaîtrons
vous	connaissez	avez connu	connaissiez	connaîtrez
ils/elles	connaissent	ont connu	connaissaient	connaîtront

EXAMPLE:

Est-ce que tu connais le pape?

Do you know the pope?

Croire *
To Believe

Je crois en la magie.
I believe in magic.

	Présent	Passé Composé	Imparfait	Futur
je/j'	crois	ai cru	croyais	croirai
tu	crois	as cru	croyais	croiras
il/elle/on	croit	a cru	croyait	croira
nous	croyons	avons cru	croyions	croirons
vous	croyez	avez cru	croyiez	croirez
ils/elles	croient	ont cru	croyaient	croiront

EXAMPLE:

Je crois que vous êtes l'homme le plus gentil au monde.
I believe you are the nicest man in the world.

Descendre
To Go Down

Je suis descendu en ascenseur.
I went down the elevator.

	Présent	Passé Composé	Imparfait	Futur
je	descends	suis descendu(e)	descendais	descendrai
tu	descends	es descendu(e)	descendais	descendras
il/elle/on	descend	est descendu(e)	descendait	descendra
nous	descendons	sommes descendu(e)s	descendions	descendrons
vous	descendez	êtes descendu(e)(s)	descendiez	descendrez
ils/elles	descendent	sont descendu(e)s	descendaient	descendront

Je suis descendu les escaliers rapidement.

EXAMPLE:　　　I went down the stairs quickly.

Dire *
To Say/To Tell

Maman me dit, "Je t'aime Paul."
Mom says to me, "I love you Paul."

	Présent	Passé Composé	Imparfait	Futur
je/j'	dis	ai dit	disais	dirai
tu	dis	as dit	disais	diras
il/elle/on	dit	a dit	disait	dira
nous	disons	avons dit	disions	dirons
vous	dites	avez dit	disiez	direz
ils/elles	disent	ont dit	disaient	diront

EXAMPLE: Qu'est-ce que vous avez dit?
What did you say?

Écrire *
To Write

J'écris les réponses de l'examen.
I write the answers to the test.

	Présent	Passé Composé	Imparfait	Futur
j'	écris	ai écrit	écrivais	écrirai
tu	écris	as écrit	écrivais	écriras
il/elle/on	écrit	a écrit	écrivait	écrira
nous	écrivons	avons écrit	écrivions	écrirons
vous	écrivez	avez écrit	écriviez	écrirez
ils/elles	écrivent	ont écrit	écrivaient	écriront

EXAMPLE:

Comment est-ce que ça s'écrit?
How is that written?

Entendre
To Hear

J'ai entendu un bruit intense.
I heard a loud noise.

	Présent	Passé Composé	Imparfait	Futur
j'	entends	ai entendu	entendais	entendrai
tu	entends	as entendu	entendais	entendras
il/elle/on	entend	a entendu	entendait	entendra
nous	entendons	avons entendu	entendions	entendrons
vous	entendez	avez entendu	entendiez	entendrez
ils/elles	entendent	ont entendu	entendaient	entendront

EXAMPLE: J'ai entendu dire que le président habite dans ma ville.
I heard that the president lives in my town.

Éteindre

Éteindre
To Turn Off

Il a éteint la lumière.
He turned off the light.

	Présent	Passé Composé	Imparfait	Futur
j'	éteins	ai éteint	éteignais	éteindrai
tu	éteins	as éteint	éteignais	éteindras
il/elle/on	éteint	a éteint	éteignait	éteindra
nous	éteignons	avons éteint	éteignions	éteindrons
vous	éteignez	avez éteint	éteigniez	éteindrez
ils/elles	éteignent	ont éteint	éteignaient	éteindront

EXAMPLE: J'éteins les lumières quand je me couche.
I turn of the lights when I go to bed.

Faire *
To Make/to Do

Il a fait une maison pour les oiseaux.
He made a bird house.

Faire *

	Présent	Passé Composé	Imparfait	Futur
je/j'	fais	ai fait	faisais	ferai
tu	fais	as fait	faisais	feras
il/elle/on	fait	a fait	faisait	fera
nous	faisons	avons fait	faisions	ferons
vous	faites	avez fait	faisiez	ferez
ils/elles	font	ont fait	faisaient	feront

EXAMPLE: Je fais les meilleurs gâteaux du monde.
I make the best cakes in the world.

Lire *
To Read

Papa lit le journal le matin.
Dad reads the paper in the morning.

	Présent	Passé Composé	Imparfait	Futur
je/j'	lis	ai lu	lisais	lirai
tu	lis	as lu	lisais	liras
il/elle/on	lit	a lu	lisait	lira
nous	lisons	avons lu	lisions	lirons
vous	lisez	avez lu	lisiez	lirez
ils/elles	lisent	ont lu	lisaient	liront

EXAMPLE: J'ai lu Les Misérables en six jours.
I read Les Miserables in six days.

Perdre
To Lose

J'ai perdu mon tour de boxe.
I lost the boxing round.

Perdre

	Présent	Passé Composé	Imparfait	Futur
je/j'	perds	ai perdu	perdais	perdrai
tu	perds	as perdu	perdais	perdras
il/elle/on	perd	a perdu	perdait	perdra
nous	perdons	avons perdu	perdions	perdrons
vous	perdez	avez perdu	perdiez	perdrez
ils/elles	perdent	ont perdu	perdaient	perdront

EXAMPLE: Où est-ce que vous avez perdu votre sac à main?
Where did you lose your purse?

Permettre
To Allow

Je vous permets d'entrer dans l'hôtel.
I allow you to enter the hotel.

	Présent	Passé Composé	Imparfait	Futur
je/j'	permets	ai permis	permettais	permettrai
tu	permets	as permis	permettais	permettras
il/elle/on	permet	a permis	permettait	permettra
nous	permettons	avons permis	permettions	permettrons
vous	permettez	avez permis	permettiez	permettrez
ils/elles	permettent	ont permis	permettaient	permettront

EXAMPLE: Ma mère ne me permet pas de sortir après le dîner.
My mother doesn't allow me to go out after dinner.

Prendre *
To Take

Elle prend les sacs du supermarché.

She takes the bags from the supermarket.

	Présent	Passé Composé	Imparfait	Futur
je/j'	prends	ai pris	prenais	prendrai
tu	prends	as pris	prenais	prendras
il/elle/on	prend	a pris	prenait	prendra
nous	prenons	avons pris	prenions	prendrons
vous	prenez	avez pris	preniez	prendrez
ils/elles	prennent	ont pris	prenaient	prendront

EXAMPLE: Je prends une douche chaque jour.
I take a shower every day.

Répondre
To Reply

Je n'ai pas répondu à la question parce que je n'ai pas su le sujet.
I didn't answer the question because I didn't know the subject.

	Présent	Passé Composé	Imparfait	Futur
je/j'	réponds	ai répondu	répondais	répondrai
tu	réponds	as répondu	répondais	répondras
il/elle/on	répond	a répondu	répondait	répondra
nous	répondons	avons répondu	répondions	répondrons
vous	répondez	avez répondu	répondiez	répondrez
ils/elles	répondent	ont répondu	répondaient	répondront

EXAMPLE:

J'ai répondu à la question parce que j'ai su la réponse.

I answered the question because I knew the answer.

Se Mettre Debout *
To Stand

Je me suis mis debout pour partir.
I stood up to leave.

	Présent	Passé Composé	Imparfait	Futur
je	me mets debout	me suis mis(e) debout	me mettais debout	me mettrai debout
tu	te mets debout	t'es mis(e) debout	te mettais debout	te mettras debout
il/elle/on	se mets debout	s'est mis(e) debout	se mettait debout	se mettra debout
nous	nous mettons debout	nous sommes mis(e)s debout	nous mettions debout	nous mettrons debout
vous	vous mettez debout	vous êtes mis(e)(s) debout	vous mettiez debout	vous mettrez debout
ils/elles	se mettent debout	se sont mis(e)(s) debout	se mettaient debout	se mettront debout

EXAMPLE:

Je me mets debout au travail quand j'ai mal au dos.
I stand at work when my back hurts.

Se Plaindre
To Complain

Je me suis plaint parce que la soupe était horrible!
I complained because the soup was horrible!

	Présent	Passé Composé	Imparfait	Futur
je	me plains	me suis plaint(e)	me plaignais	me plaindrai
tu	te plains	t'es plaint(e)	te plaignais	te plaindras
il/elle/on	se plaint	s'est plaint(e)	se plaignait	se plaindra
nous	nous plaignons	nous sommes plaint(e)s	nous plaignions	nous plaindrons
vous	vous plaignez	vous êtes plaint(e)(s)	vous plaigniez	vous plaindrez
ils/elles	se plaignent	se sont plaint(e)s	se plaignaient	se plaindront

Je ne me suis jamais plaint de la cuisine de mon père.
I never complain about my father's cooking.

EXAMPLE:

Traduire
To Translate

L'homme a traduit pour le couple Iranien.
The man translated for the Iranian couple.

	Présent	Passé Composé	Imparfait	Futur
je/j'	traduis	ai traduit	traduisais	traduirai
tu	traduis	as traduit	traduisais	traduiras
il/elle/on	traduit	a traduit	traduisait	traduira
nous	traduisons	avons traduit	traduisions	traduirons
vous	traduisez	avez traduit	traduisiez	traduirez
ils/elles	traduisent	ont traduit	traduisaient	traduiront

EXAMPLE: Je traduis pour mes amis qui ne parlent pas anglais.
I translate for my friends who do not speak English.

Vendre
To Sell

Je vends de la citronnade pour dix centimes.
I sell lemonade for ten cents.

	Présent	Passé Composé	Imparfait	Futur
je/j'	vends	ai vendu	vendais	vendrai
tu	vends	as vendu	vendais	vendras
il/elle/on	vend	a vendu	vendait	vendra
nous	vendons	avons vendu	vendions	vendrons
vous	vendez	avez vendu	vendiez	vendrez
ils/elles	vendent	ont vendu	vendaient	vendront

EXAMPLE: Je vendrai mes cheveux quand il seront assez longs.
I will sell my hair when it is long enough.

Vivre *
To Live

Je vis une longue vie de bonheur.
I am living a long life of happiness.

	Présent	Passé Composé	Imparfait	Futur
je/j'	vis	ai vécu	vivais	vivrai
tu	vis	as vécu	vivais	vivras
il/elle/on	vit	a vécu	vivait	vivra
nous	vivons	avons vécu	vivions	vivrons
vous	vivez	avez vécu	viviez	vivrez
ils/elles	vivent	ont vécu	vivaient	vivront

EXAMPLE: Je vis pour manger, boire, et être heureuse.
I live to eat, drink, and be happy.

Glossary

ER Verbs

Avoir *	To Have
Être *	To Be
Accepter	To Accept
Acheter	To Buy
Aimer	To Like /To Love
Aller *	To Go
Allumer	To Turn On
Annuler	To Cancel
Apporter	To Bring
Blesser	To Hurt
Casser	To Break
Changer	To Change
Chanter	To Sing
Commencer	To Start /To Begin
Compter	To Count
Dancer	To Dance
Demander	To Ask
Dépenser	To Spend
Dessiner	To Draw

Glossary

Donner	To Give
Écouter	To Listen
Emmener	To Take (Persons)
Enseigner	To Teach
Envoyer *	To Send
Épeler	To Spell
Essayer	To Try
Étudier	To Study
Expliquer	To Explain
Fermer	To Close /To Shut
Fumer	To Smoke
Habiter	To Live
Jouer	To Play
Laver	To Clean
Manger	To Eat
Montrer	To Show
Nager	To Swim
Organiser	To Organize
Oublier	To Forget
Parler	To Speak /To Talk

Glossary

Payer	To Pay	S'inquiéter	To Worry
Peigner	To Comb	Se Réveiller	To Wake Up
Penser	To Think		
Poser	To Put	Signer	To Sign
Présenter	To Introduce	Taper	To Type
		Terminer	To Finish
Prêter	To Borrow	Tomber	To Fall
Regarder	To Look /To Watch	Tousser	To Cough
		Travailler	To Work
Réparer	To Fix	Trouver	To Find
Rester	To Stay	Utiliser	To Use

Glossary

Voler	To Steal
Voyager	To Travel

IR Verbs

Choisir *	To Choose
Courir	To Run
Dormir *	To Sleep
Finir	To Finish
Grossir	To Gain Weight
Maigrir	To Lose Weight
Ouvrir *	To Open
Partir *	To Leave
Pleuvoir *	To Rain
Pouvoir *	To Be Able To
Remplir	To Fill
Réussir	To Succeed
S'asseoir *	To Sit
Savoir *	To Know
Sortir *	To Leave
Tenir *	To Hold
Venir *	To Come

Glossary

Voir * . . . . To See
Vouloir * . . . . To Want

RE Verbs

Apprendre . . . . To Learn
Attendre . . . . To Wait
Boire * . . . . To Drink
Comprendre . . . . To Understand
Connaître * . . . . To Know
Croire * . . . . To Believe

Descendre . . . . To Go Down
Dire * . . . . To Say /To Tell
Écrire * . . . . To Write
Entendre . . . . To Hear
Éteindre . . . . To Turn Off
Faire * . . . . To Make /To Do
Lire * . . . . To Read
Perdre . . . . To Lose
Permettre . . . . To Allow

Glossary

Prendre *. . . . . To Take

Répondre . . . . To Reply

Se Mettre Debout* . . . To Stand

Se Plaindre . . . . To Complain

Traduire. . . . . To Translate

Vendre . . . . To Sell

Vivre * . . . . To Live